LES DELICES DE LA PAIX,

REPRESENTEZ PAR LES ESTATS

Et les Villes de ce Royaume.

Par le Sieur BERTAVT.

A PARIS,

Chez Nicolas Iacqvard, rüe Chartiére, prés
le Puits-Certain, au Treillis vert.

M. DC. XLIX.

AVEC PERMISSION.

A MONSEIGNEVR

MONSEIGNEVR

MOLE'

CONSEILLER DV ROY
en ſes Conſeils d'Eſtat, Privé,
& Premier Preſident en ſa
Cour de Parlement.

MONSEIGNEVR,

M Cette heureuſe Paix dont le beau viſage a de la peine à ſe faire paroiſtre à ces eſprits inquiets ; mais qui ſe dé-couvre & fait voir librement avec ſa pompe & ſes largeſſes aux eſprits doux qui la reçoi-vent avec actions de grace, ayant eſté tracée,

A ij

conduite & accomplie par voſtre incompara-
ble prudence & bonté : C'eſt, MONSEI-
GNEVR, preſenter à vos yeux les fruits que
vous avez produits, en vous offrant les delices
de la paix. A peine deux mois ſeront-ils écou-
lez que toute la France ne face entendre des cris
d'allégreſſes & de Benedictions pour voſtre
Perſonne, de luy avoir fait vn ſi riche preſent
& ſi agreable à Dieu : Les François ont toû-
iours eſté d'humeur à ne pas conſidérer l'origi-
ne des choſes, mais à s'arreſter aux effets qu'elles
produiſent. Celle-cy qui eſt toute vôtre, ſe fera
voir autant prodigue en bienfaits à l'endroit
de tout les Hommes, que ce Monſtre de Guerre Civile plus que demy formé leur préparoit
d'amertumes & de douleurs, bien que ie par-
ticipe avec le general à tant de graces qui pro-
cédent de vous : Ie vous ſupplie tres-humble-
ment, MONSEIGNEVR, de m'honorer
de cette particuliere, permettre que ie me diſe
avec le reſpect que ie vous dois,

MONSEIGNEVR,

Voſtre tres-humble, tres-obeiſſant,
& tres-fidele ſerviteur,
BERTAVT.

LES DELICES

DE LA PAIX,

REPRESENTEZ

PAR LES ESTATS

& les Villes

DE CE ROYAVME.

Enfin la terreur des humains,
Ce Monftre armé de tant de mains,
Affouvy de noftre carnage,
Vomiffant fon fiel & fa rage,
A fait choix d'vn autre fejour,
Pour le rauager à fon tour,
Faifant mainte éfroyable geftes,
plus redoutable que cent peftes,
Nous dit adieu auec regret,
Mais non pas le mot du fecret,

Guerrier açroche ton épée,
Ou la cloporte & l'araignée,
Font leur sejour en ta maison,
La guerre n'eſt plus de ſaiſon :
Muze adoucis vn peu ta veine,
Soufle moy de ta douce haleine ;
pour chanter le lots d'vne paix,
Qui ſoit durable pour jamais.

LA
IVSTICE.

Voicy le char de la Iuſtice,
Ces mots gravez au frontiſpice,
Dieu beniſſe voſtre retour,
Déeſſe de paix & d'amour,
En main vn épée tranchante,
Cherchant la beſte devorante,
Du moins la trace du paſſé,
par tant de ſang qu'elle a verſé,
Ie ſuis la lumiere éclatante,
Ie ſuis la main toute puiſſante,
Ie voy, ie frape en tous les lieux,
I'ay le meſme pouvoir des Dieux,
Ie ſuis l'effroy des paricides,
Du vol du feu des homicides,

Pour eux il n'y a point de lieux,
Qui ne soient presens à mes yeux,
Si pendant le cours de la guerre,
L'on a pris ton pré & ta terre,
Ie suis pour t'en faire raison,
Et te conserver ta maison.

LE

GENTIL-HOMME.

IE voy l'honneste Gentil-homme,
Consulter auec le bon-homme,
Comment remettre son fruitier,
Son jardin & son beau vivier :
Ie le voy marcher de vitesse,
poufsé du desir qui le presse,
De reuoir la vigne ou le pré,
Ou son par-terre diapré,
De milles fleurs que la Nature,
Enrichit auec sa peinture ;
Ie le voy dans la basse court,
pour voir chaque chose à son tour,
Ou à loisir il considere,
Ce qui luy plaist ou peut déplaire ;
Il regarde le colombier,
Si du couvreur ou du plombier,

Le meſtier ſeroit neceſſaire,
Si ſon Fermier parle d'affaire,
Il témoigne du déplaſiir,
Qu'il n ayt tout veu à ſon loiſir,
Il entre dedans l'eſcurie,
Il viſite la bergerie,
Ravy d'entendre les aigneaux,
Faire muſique auec les veaux ;
Il voit ſi la grange eſt bien pleine,
De fromant meſtail & d'avoyne,
A lors il demande au fermier,
Ce qu'il a dedans ſon grenier,
S'entretenant juſques à l'heure,
Du ſouper à lors ſans demeure,
Il s'achemine à la maiſon,
Au bruit de la cane & l'oyſon ;
Il laue ſans ceremonie,
En ſe raillant de l'armonie,
D'vn prémedité compliment,
Si-toſt l'on luy ſert ſeulement,
Du veau & du mouton enſemble,
puis pour le ſecond l'on aſſemble
Vne paire de pigeonneaux,
Auéc autant de Hétudeaux,
pour le deſert de toute ſorte,
De fruit que ſon jardin rapporte,
Vne heure apres il va coucher,
Auſſi content qu'vn notonnier,
Qui s'eſt ſauué de la tempeſte,
Si le l'endemain il eſt feſte,
Il fait dire devotement,
La Meſſe bien honneſtement ;

puis

Puis boit vn coup dans la franchiſe
Avec la mere ſainte Egliſe :
Apres il va ſe promenant,
Tout ſeulet, ou s'entretenant
Dans le bois de haute futaye,
Dans le taillis & dans Launaye,
Où il entend nombre d'oyſeaux,
Fait lever quelques perdreaux,
Ou quelque Lièvre de ſon giſte,
Qu'il ſuit doucement à la piſte,
pour l'atraper le lendemain,
Retournant & faiſant chemin,
Il entre dans la maiſonnette,
Du berger qui prend ſa muſette,
pour entonner vne chanſon,
De perrette ou bien d'aliſon,
Ravy de revoir ſon bon Maiſtre,
Auquel il promet faire paiſtre,
Son troupeau auec tout le ſoin,
De ce qui luy fera beſoin,
Aymant mieux cette melodie,
Qu'vne muſique bien choiſie :
S'il aprend qu'il ſoit Vendredy,
Il demeure vn peu eſtourdy;
puis tout à l'inſtant il commande,
Que dans le logis l'on demande,
Où l'on a ſerré l'eſchiquier,
pour le ietter dans le vivier,
Que ſi l'on peſche quelque choſe,
Vne bonne ſauſſe on compoſe,
Recommandant au cuiſinier,
De faire valoir le meſtier,

O Dieux la differante vie,
De celle-là qui n'eſt ſuivie,
Que de qui viue ou qui vala,
L'enfer invente tout cela,
Ravy ſans bouger de la place,
Les yeux au Ciel il luy rend grace,
De revoir encor ſa maiſon,
Malgré la guerre & ſon poyſon.

LE

MARCHAND.

L'Oɴ voit le Marchand qui s'éveille,
Sa jouë devenir vermeille,
Eſperant que dans peu de jours,
Le traficq reprendra ſon cours,
Il ne peut demeurer en place;
A midy il court à la place,
pour ſçavoir ce que vaut l'argent,
A Lyon, & combien pour cent,
Il voit du monde en ſa boutique,
Il ne veut plus revoir ſa pique,
Aymant mieux vn combien cela,
Que le mot de demeure là,
L'argent qui chez-ſoy ſe remuë,
peu à peu raſſeure ſa veuë,

S'il visite son Magazin,
Il prend le petit doit de vin,
S'il vient vne lettre de change,
Il l'accepte & paye le change,
Ainsi sans remise & protez,
Il abrege vn mauvais procez,
Son seruiteur reprend sa force,
La vieille seruante s'efforce,
De faire quelque bon ragoust,
pour faire reuenir son goust :
Il est tout changé de visage,
Il cause avec le Voysinage,
De guerre il ne s'en parle plus,
Aymant mieux quelque bon rebus
De picardie ou de champagne,
S'il veut aller à la campagne,
pour y voir son petit logis,
Il n'est plus comme la souris,
Qui ne sort jamais sans la crainte,
D'avoir quelque mauvaise atteinte,
Sa femme & luy s'entretenant ;
O Dieux! quel soudain changement,
L'on doit bien benir la journée,
Que la paix a esté signée.

LE
LABOVREVR.

L'O N voit le pauvre laboureur,
Outré d'vne iufte douleur,
Les yeux creux, le vifage blefme,
penfif, refvaffer en foy-mefme,
Auquel il pouroit s'adreffer,
ponr ayder à le redreffer,
Mais quoy il n'a plus que l'écorce,
Sa voix n'a pas affez de force,
pour faire entendre la douleur,
Qui luy ferre & preffe le cœur,
La paix quelque peu le confole,
Ses bleds qui font en bonne fole,
Et de façon d'eftre meilleurs,
Qu'aux terres qu'il laboure ailleurs:
Il a recours à fon bon Maiftre,
Chez lequel il n'ozoit paraiftre,
pour vne debte du paffé,
Dont il l'avoit fort menaffé;
Qui luy donne bonne efperance,
Luy remonftre la confequence,
De ne pas quitter fon Travail,
Sa ferme & tout fon attirail,

pour lors

Pour lors reduit à peu de chose,
Lors vn petit vermeil de rose,
S'entremesle avec sa couleur,
Tout ressemblant à la lueur
D'aurore qui commence à poindre,
Il choisit de deux maux le moindre,
Et sans attendre au lendemain,
Il reprend la charuë en main,
Il prend courage il s'évertuë,
Sa femme à travailler se tuë;
Et avec eux tous leurs enfans,
pendant leurs esprits & leurs sens,
Doucement reprennent la place,
Qu'ils auoient auant leurs disgraces
Et voyant la belle saison,
Repeuplent vn peu la maison,
De pigeons & d'autres volailles,
Ils acheptent quelques aumailes,
pour refaire vn nouueau troupeau,
D'autres Vaches & vn Torreau,
Car la forme estoit dénuée,
Ainsi qu'on voit vne nuée,
Qui a versé toute son eau,
Vn peu de graisse sur la peau;
Luy paroist plus qu'à l'ordinaire:
C'est lors qu'il commêce à se plaire
Au travail comme auparavant,
Que le matin en se levant,
Il adresse à Dieu sa priére,
Qu'il ayt pitié de sa misere,
Benissant son petit labeur,
Le delivrant de la frayeur,

D

Qui ne peut quitter ſa penſée,
L'horreur de la guerre paſſee ;
Il ſupplie ſa prouidence,
Sa grace ſa perſeuerance,
De reſiſter à tant de maux,
Tant de peines, tant de travaux,
Dont la creature eſt ſuivie,
En attendant vne autre vie,
puis, il ſe leve braſquement,
pour paroiſtre plus promptement,
A tous ſes gens & ſa preſence,
Les exorte à la diligence,
Le chartier penſe les chevaux,
Les autres voyent leurs troupeaux,
Ainſi chacun pour luy complaire,
S'entremet à ce qu'il doit faire,
Iuſques au temps du desjeûner,
De ce que Dieu leur veut donner :
pour cela perſonne ne grogne,
C'eſt le plus doux de la béſogne,
Vn peu apres aſſez ſoudain,
Il prend ſa baguette à la main,
Faiſant vne forme de ronde,
pour voir travailler tout ſon monde,
Il voit ſes bleds tout à lentour,
Qu'il trouue beau de iour en iour ;
Laize luy faire dire en ſoy-meſme,
Voyons ſi l'auoyne eſt de meſme ;
Il paſſe ainſi tout le matin,
Iuſques à l'heure du feſtin,
Compoſé d'vn fort grand potage,
D'vn peu de lart & d'vn fromage ;

Et quand cela eſt en ſon lieu,
Faut dire grace & puis adieu;
En mengant perſonne ne raille,
Car ceux qui demande la taille,
Sont à la porte en attendant,
Avec eux vn rouge Sergent,
Qui en entrant prend la vaiſſelle,
Qu'il guarre deſſous ſon aiſſelle :
La nappe eſt priſe par les autres,
Qui en demandent encor d'autres
Ou qu'on prendra le maiſtre au corps;
Cependant vn maiſtre Recors
Voyant vn manteau pres la porte,
Le met ſur ſon dos & l'emporte.

MESSIEVRS
DE
PARLEMENT.

MAIS voicy vn autre Sergent,
De par Meſſieurs de Parlement,
Qui fait commandement de rendre,
Tout cela que l'on vient de prendre,
En vertu d'vn fort bon Arreſt,
Qui défend l'vſage du preſt,

Le quart de diminution ,
Porté par Déclaration ,
Ce qui fut fait à l'heure mesme ;
Le partizan en deuint blefme,
Ou fon commis que ie ne mente,
Sur lequel on fait la decente,
De quinze ou vingt coups de baftons,
Qui luy font tourner les talons,
A lors le bon-homme retourne,
priant le Sergent qu'il s'éjourne,
Qu'il luy veut faire vn bon repas,
Et le contenter de fes pas,
Luy doucement le remercie,
Qu'il faut que l'Arreft il publie,
promptement & en diuers lieux,
pour faire rendre grace aux Dieux,
Qui affeurent toute la France,
Que deformais la violence,
Des nouueautez & les abus,
par eux ne fe fouffriront plus,
Quoy que la Cour en face inftance,
Bien armée de perfeuerance,
Contre Prince ou Grand qui foit-il,
Le Fermier dit, ainfi foit-il.

Le Delice

LE
DELICE
DES
VILLES.

VOicy le delice des villes,
En repos & toutes tranquilles,
Les sens n'estant plus agitez,
De crainte de perplexitez,
L'officier & l'homme d'Estude,
Les plaideurs dont la multitude,
Desplaist fort aux honnestes gens,
Tous repraignent leurs erremens,
Le bourgeois qui vit de ses rentes,
Ioyeux n'est plus payé d'attente,
Le procureur & le sergent,
Ne faisoyent point venir d'argent,
L'artisant devenu étique,
Ouvre tout à fait sa boutique,
Ravy de vendre & travailler,
Et ses armes au ratellier,

B

Chacun reuoit ces promenades,
La commédie, les aubades,
Ont leur cours comme auparavant,
Les Roys & caresme-prenant,
La terre couuerte de londe,
Cét hyuer estonnoit le monde,
Vne feste qu'il face beau,
Paris déborde comme l'eau,
La terre se trouue couuerte,
De gens assis sur l'herbe verte,
Et d'autres qui roullent le bois,
pour boire la petite fois,
L'on voit les peres de f milles,
Auec leurs femmes & leurs filles,
prendre le diuertissemant,
Doucement en se pourmenant,
Ceux qui ont des maisós prochaines,
Y courent à perte d'halaines,
Tant ils sont desireux de voir,
Si leurs gens ont fait le devoir:
Arrivez qu'ils sont l'vn devore,
Quelque arbre qui boutonne encore,
L'autre s'encourt droit au fruitier,
Au par-terre ou au potager,
personne en ce lieu n'est malade,
Le valet cueille la Salade,
La seruante apporte le vin,
Le pasté, le fruit & le pain,
pour lors vn chacun se rassemble,
L'on demande que vous ensemble,
Le jardinier n'est pas soigneux,
Vne autre fois il fera mieux,

Le feruiteur & la maiſtreſſe,
S'ils ont vne égale tendreſſe,
Souhaiteroyent qu'vn ſi beau iour,
Ne finiſt qu'avec leur amour.
Mais voicy la nuit qui s'aproche,
Qu'avec regret l'on ſe raproche,
fachez d'avoir ſi peu de temps,
A goûter le bon air des champs,
O d'it-on la belle iournée,
Du matin & d'apres diſnée,
O campagne d'heureux ſejour,
pourquoy ſi toſt finir le jour,
De retour le voiſin s'aſſemble,
Hé bien ſouperons nous enſemble,
Ioignons tout ce que nous avons,
Et ce ſoir nous réjouyſſons,
Chacun àyant veu ſa cuyſine ;
I'ay vn Gigot de bonne mine,
Et moy vne longe de veau,
Et quelqu'autre bon alloyau,
Celuy qui n'a que du potage,
Aportera fruit & fromage,
Des oranges, & pour le vin,
Chacun porte le pot à frin :
Là l'on boit & mange à ſa guiſe,
La grimaſſe ny la feintiſe,
Les querelles & les excez,
En ces lieux perdent leurs procez,
Sur la fin la paix ſe preſente,
comme vne Déeſſe contente,
D'avoir chaſsé tant de mal-heurs,
pour introduire ſes douceurs,

O paix que tu és agreable.
O que ton fruit est delectable;
Dieu benisse pour vn jamais,
L'autheur d'vne si bonne paix.

Permis faire imprimer les Vers *, intitulez,* les
Delices de la paix, *&c. Fait ce* 24. *Avril* 1649.

Signé, **DAVBRAY.**